T0243663

Daniel del Toro

Fast Food
¡Sin complejos!

© Daniel del Toro 2024
© Editorial Almuzara, s.l., 2024

Primera edición: febrero de 2024

Reservados todos los derechos. «No está permitida la reproducción total
o parcial de este libro, ni su tratamiento informático, ni la transmisión
de ninguna forma o por cualquier medio, ya sea mecánico, electrónico,
por fotocopia, por registro u otros métodos, sin el permiso previo y por
escrito de los titulares del *copyright*».

Cualquier forma de reproducción, distribución, comunicación pública o
transformación de esta obra solo puede ser realizada con la autorización
de sus titulares, salvo excepción prevista por la ley. Diríjase a CEDRO
(Centro Español de Derechos Reprográficos, *www.cedro.org*) si necesita
fotocopiar o escanear algún fragmento de esta obra.

Arcopress • Cocina, dietética y nutrición

Dirección editorial: Pilar Pimentel
Diseño y maquetación: Fernando de Miguel

www.editorialalmuzara.com
pedidos@almuzaralibros.com - info@almuzaralibros.com

Editorial Almuzara
Parque Logístico de Córdoba. Ctra. Palma del Río, km 4
C/8, Nave L2, nº 3. 14005 - Córdoba

Imprime: Gráficas La Paz
ISBN: 978-84-10520-83-7
Depósito Legal: CO-83-2024
Hecho e impreso en España - Made and printed in Spain

A mi madre, Carmen, que me lo enseñó todo
y me metió el gusanillo de la cocina en el cuerpo.

A mis tres mujeres, que han probado, aprobado y soportado,
en ocasiones, mi cocina... Gracias, Chica, Daniela y Claudia.
Os quiero mucho.

Índice

Antes de meternos en faena

Familia, con este libro solo quiero que me conozcáis un poco más. Quiero mostraros cómo es mi cocina y, sobre todo, quitar el «rollo y la paja» que tiene el arte culinario. Y es que, para mí, la gastronomía y la vida en general son más simples de lo que creemos o nos quieren hacer creer.

Por cierto, todas las recetas que veréis en este libro las ha probado mi familia; algunas, con mejor o peor aceptación, pero todas han sido cocinadas con mucho cariño.

En cuanto a la cantidad de ingredientes, la mayoría de recetas están pensadas para entre uno y tres comensales; os doy la libertad de calcular las cantidades a vuestro gusto.

Y si estáis pensando en los tiempos, os diré que todo es muy sencillo. La mayoría de estas recetas se preparan en menos de quince minutos, así que no tenéis excusas.

Empecemos a cocinar sin complejos
y, por favor, que nadie se enfade.
¡Gracias!

Mi **desayuno** diario

Cuando pensé en este libro, tenía claro que quería comenzar con un desayuno que me ha acompañado en los últimos años: mi desayuno saludable.

El porqué de esta receta define un poco mi forma de ser… Ya que tengo que decir que soy una persona muy «novelera», como dirían en mi pueblo.

Un día de hace unos años, el doctor Blanco, ahora mi amigo, se cruzó en mi camino y, desde ese momento, entendí que todos somos sensibles a algún tipo de alimento.

Me dio por hacerle caso. Me pidió que me hiciera una analítica para saber qué alimentos influyen negativamente en mí, y de estos resultados surge este desayuno sin harinas. Un inicio del día con ingredientes para combatir la inflamación, muy saludable y diferente, y que me encanta hacerme los fines de semana.

Wok
de **verduras, pescado azul** y **huevo**

INGREDIENTES

- 1 huevo
- 50 g de quinoa cocida
- ¼ de pimiento verde
- ¼ de pimiento rojo
- ½ zanahoria
- 2 judías verdes
- 4 tomates cherri
- ¼ de cebolla morada
- ¼ de aguacate
- 1 rábano pequeño
- 2 filetes de melva en aceite
- Sal
- Pimienta
- Cúrcuma
- Sésamo
- Lima
- AOVE

ELABORACIÓN

• Empieza cortando las verduras y reserva.

• En un bol, pon la quinoa cocida de fondo. Aquí te recomiendo que utilices vasitos de quinoa ya cocida, así ahorrarás tiempo.

• Ahora, en una sartén de paredes altas o en un wok, ve salteando las verduras de mayor a menor dureza: empieza por la zanahoria, los pimientos, la judía, la cebolla y, por último, añade los tomates.

• Es importante que no cocines mucho las verduras para que se queden al dente. Salpimienta, añade la punta de una cuchara pequeña de cúrcuma y mezcla.

• Añade las verduras al bol en el que previamente tenías la quinoa. Decora con el aguacate cortado a dados y con el rábano en rodajas finas.

• En la misma sartén, pon un poco de aceite, haz un huevo a la plancha y colócalo encima de las verduras.

• ¿Y para rematar?… Incorpora dos lomos de melva y un poco de sésamo tostado.

Fast food de **cuchara**

Puede parecer algo pretencioso tener una sección de platos de cuchara en un libro que va de la cocina rápida, pero quizás es aquí donde podemos tener más claro de qué va este libro y el porqué de mi filosofía culinaria.

Ya os lo he contado: los míos —sobre todo, mi hermana Pilar— siempre me dicen que soy muy «fullero» en la cocina, y quizás esté en lo cierto, pero creo que, aunque yo defienda, hasta las últimas consecuencias, una cocina rápida, esta no está reñida con la tradición y los guisos ricos de toda la vida.

En la siguiente sección os proporciono algunos ejemplos de platos tradicionales que se pueden hacer en poco tiempo y sin perder la esencia.

Alubias
con **gambas**

■ INGREDIENTES

- 1 bote de judías
  blancas cocidas
- ½ pimiento verde
- ½ cebolla mediana
- 250 g de gambas
- ½ vaso de vino seco
  o manzanilla
- 1 vaso de caldo
  de pescado
- 1 cucharadita
  de pimentón
- Sal
- Pimienta

■ ELABORACIÓN

• Empieza picando el pimiento verde y la cebolla en trozos muy pequeños y ponlos a fuego lento en una olla alta.

• Mientras, ve pelando las gambas y reserva.

• Escurre las judías blancas del bote y reserva.

• Cuando la cebolla y el pimiento estén bien pochados, añade el pimentón, las gambas peladas, y deja que doren. Agrega el vino y deja que se evapore el alcohol.

• Incorpora ahora las alubias escurridas y el caldo de pescado.

• En cuanto empiece a hervir, deja que cocine un par de minutos para que se integren los sabores. Un poco de perejil picado, sal, pimienta, y… ¡a comer!

Curri
de **lentejas rápido**

■ INGREDIENTES

- 1 bote de lentejas
  cocidas
- ½ cebolla
- 1 pimiento rojo
- 1 zanahoria
- 100 g de salsa
  de tomate frito en lata
- 1 diente de ajo
- 2 cucharadas de curri
- ½ vaso de caldo
  de pollo
- 1 yogur griego natural
- Pimienta
- Sal
- AOVE

■ ELABORACIÓN

• Empieza haciendo un sofrito con el pimiento, la cebolla y el ajo en una sartén alta con un poco de aceite.

• Cuando las verduras estén bien pochadas, añadimos la zanahoria y salteamos unos tres minutos.

• Añade ahora el tomate, el caldo, el yogur, el curri y las lentejas bien escurridas.

• Deja que cocine todo unos cinco minutos más, para que se integren los sabores, y… ¡a disfrutar!

Garbanzos
con **pulpo**

- *1 bote de garbanzos cocidos*
- *2 patas de pulpo cocidas*
- *1 cebolla pequeña*
- *1 cucharadita de pulpa de ñora*
- *2 cucharadas de salsa de tomate*
- *½ vaso de caldo de pescado*
- *Pimienta*
- *Sal*
- *AOVE*

■ ELABORACIÓN

- Empieza cortando las patas de pulpo en rodajas y márcalas en una olla alta o cazuela con un poco de aceite de oliva virgen extra (AOVE).

- Retira cuando estén dorados y reserva. En esa misma sartén, con un poco más de aceite si lo ves necesario, vas a pochar la cebolla muy picada.

- Cuando esté bien «pochadita», vas a poner el pimentón, la pulpa de ñora y el tomate… (Deja que se integre todo).

- Añade de nuevo el pulpo, el caldo de pescado. Luego, salpimienta y deja que hierva todo unos cinco minutos.

- Sirve con un poco de cilantro picado y… ¡a disfrutar!

Garbanzos
a la **boloñesa**

■ INGREDIENTES

- 1 bote de garbanzos
  cocidos
- 250 g de carne picada
- 1 cebolla mediana
- 1 trozo de apio
- 1 pimiento verde
- 1 zanahoria pequeña
- 1 cucharadita de
  pimentón
- ½ vaso de vino oloroso
  seco
- 3 cucharadas de salsa de
  tomate
- Pimienta
- Orégano
- ½ vaso de caldo de carne
- ½ cucharadita de
  comino
- Sal
- AOVE

■ ELABORACIÓN

- Empieza escurriendo el bote de garbanzos y reserva.

- En una olla con un poco de aceite, vas a dorar la cebolla, el pimiento verde y el apio picados muy finos.

- Cuando estén bien pochados, añade la carne picada y deja que dore.

- Incorpora el pimentón, el vino blanco, y, cuando se haya evaporado el alcohol, añade la salsa de tomate y deja que cocine un par de minutos.

- Añade el comino, un poco de pimienta, los garbanzos, el caldo, y deja hervir cinco minutos más.

- Incorpora un poco de orégano, sirve y… ¡a comer!

Mis *arroces* fast

Probablemente los arroces sean de mis platos favoritos. Creo que es un alimento muy agradecido y que, con apenas unos pocos ingredientes más, se pueden hacer recetas con mucho sabor.

Alrededor del mundo del arroz hay mucho «cuento». Sin faltar a nadie, y teniendo en cuenta que todo es relativo y que lo que nos interesa es hacer platos rápidos, simples y que estén ricos. Os presento mis arroces hechos en cinco minutos… ¿Preparados?

Arroz con pollo

y **espárragos**

en cinco minutos

■ INGREDIENTES

- 1 pack de 2 vasitos
  de arroz redondo
- 250 g de pechuga
  de pollo
- 4 espárragos verdes
- 1 vasito de caldo
  de pollo, la mitad
  de la medida que
  de arroz
- ½ cucharadita
  de pimentón
- 1 cucharadita
  de pulpa de ñora
- 2 cucharadas de salsa
  de tomate
- ½ cucharadita
  de cúrcuma
- Pimienta
- Sal

■ ELABORACIÓN

• Lo primero que vas a hacer es volcar el arroz de los vasitos en un bol, separar los granos y reservar.

• En una sartén plana y amplia, saltea el pollo cortado en trozos pequeños con un poco de pimienta y sal.

• Una vez dorado el pollo, añade el pimentón, la pulpa de ñora, el tomate, la cúrcuma, y deja que se integre todo muy bien.

• Incorpora los espárragos troceados, el caldo de pollo, y, en cuanto empiece a hervir, añade el arroz y deja cocinar a fuego fuerte durante unos cuatro minutos; el tiempo suficiente para que reduzca y el arroz quede seco.

• Y si te atreves, deja cocinar hasta obtener *socarrat*

Arroz negro
seco de vasito
con **chipirones**

■ INGREDIENTES

- 1 pack de 2 vasitos
  de arroz redondo
- 2 latas de chipirones
  en su tinta
- 1 vasito de los del arroz
  de caldo de pescado
- ½ cucharada de
  pimiento choricero
  o ñora
- 1 cucharada de salsa
  de tomate
- Pimienta
- Sal

■ ELABORACIÓN

• Empieza volcando el contenido de los vasitos de arroz en una fuente, desgrana y reserva.

• En una sartén amplia y plana, calienta un poco de aceite (no mucho, ya que los chipirones ya van con aceite).

• Añade el pimiento y el tomate, y deja que se integren.

• Incorpora los chipirones y un vasito de los de arroz relleno, esta vez, de caldo (porque es la medida justa para que quede bien). Salpimienta y espera que hierva.

• En cuanto empiece a hervir, añade el arroz suelto, extiende y deja que reduzca todo el caldo.

• Si quieres *socarrat*, no muevas el arroz y espera a que suene, porque se está tostando y querrá decir que lo has conseguido.

• Te aseguro que… ¡este arroz te va a sorprender!

Arroz ibérico

Este arroz es un homenaje a mi amigo Luis González Conde, que fue el que me introdujo en el mundo de «los vasitos». Gracias, Luis… ¡Va por ti!

■ INGREDIENTES

- 1 pack de 2 vasitos de arroz redondo
- 250 g de chorizo ibérico picante (o no, como más te guste)
- 1 puñado de garbanzos cocidos
- 1 vaso de los del arroz de caldo de pollo o carne
- 2 cucharadas de salsa de tomate
- Pimienta
- Sal

■ ELABORACIÓN

• Empieza volcando el contenido de los vasitos de arroz en un bol, desgrana y reserva.

• En una sartén amplia y plana, calienta un poco de aceite (no mucho, ya que el chorizo va a soltar grasa).

• Añade el chorizo cortado a taquitos pequeños y deja que cocine un par de minutos.

• Incorpora los garbanzos, el caldo, y rectifica de sal y pimienta.

• En cuanto empiece a hervir, añade el arroz bien suelto, extiende y deja que cocine a fuego vivo hasta que desaparezca el caldo.

• Deja que tueste el arroz para que se haga el *socarrat* y puedas disfrutar de este arroz espectacular.

• Te aseguro que… ¡te va a encantar!

Arroz meloso
de **pato**

■ INGREDIENTES

- 1 pack de 2 vasitos
  de arroz redondo
  precocido
- 1 confit de pato
  en lata
- ½ vasito de los
  de arroz de caldo
  de pollo
- ½ vasito de los de arroz
  de nata líquida
- 3 champiñones
  (o las setas que tengas)
- Sal
- Pimienta

■ ELABORACIÓN

• Empieza regenerando el confit en el microondas un minuto, deshuesa la carne y reserva el jugo.

• Pon en un bol el arroz y separa bien los granos. El vasito úsalo para medir el caldo y la nata.

• En una sartén en el fuego, vas a saltear las setas un minuto. Añade la carne de pato con su jugo, el caldo y la nata.

• En cuanto empiece a hervir, añade el arroz, rectifica de sal y pimienta, deja que se integre todo y aparta cuando tenga una textura melosa.

• ¿Preparados para probar el mejor arroz meloso?

Va de **huevos**

Si me preguntan mi ingrediente o producto favorito, creo que en la mayoría de las ocasiones voy a responder lo mismo: el huevo.

Es cierto que hay personas a las que no les gusta, como es el caso de mi hermana Pilar; pero, bueno, nadie es perfecto. Que conste que la quiero mucho.

Esta sección se la quiero dedicar a mi amigo David González, compañero de aventuras en *Masterchef 4*. Él era el que siempre nos contaba que su ilusión era bañarse en una piscina de huevos fritos. ¡Qué grande!

A continuación, os dejo algunas recetas rápidas en las que el huevo es el ingrediente principal. Aunque, para mí, son pocas, ya que creo que podría dedicarle un libro en exclusiva a él: pero, bueno, tenía que recortar.

Por cierto, os prometo que me pensaré lo de ese libro dedicado al huevo…

Tortilla vaga
de **cebolla**
y **salchichón**

- 2 huevos
- ½ cebolla
- 50 g de salchichón
  o fuet
- Sal
- Pimienta
- AOVE

■ ELABORACIÓN

- Empieza batiendo los huevos con un poco de sal y pimienta. A continuación, pica el salchichón a taquitos y corta la cebolla en juliana pequeña.

- En una sartén con un poco de aceite, añade los huevos batidos, deja que cuajen un poco y añade la cebolla y el salchichón. Salpimienta al gusto, baja el fuego al mínimo y deja que cuaje… ¡Listo!

- ¡A comer una de huevos con cebolla y salchichón!

Bocata
de **tortilla** de **patatas** invertido

Si unimos bocadillo y tortilla, para mí, y para el resto de los mortales, seguro que es uno de los mejores placeres de la vida. Pero permitidme que, en esta ocasión, le demos la vuelta. Para este bocata vas a necesitar una gofrera.

■ INGREDIENTES

Para 1 bocadillo
- 1 patata grande
- 2 huevos
- 2 lonchas de jamón
- Tomate
- Lechuga
- Mayonesa
- AOVE
- Sal
- Pimienta

■ ELABORACIÓN

• Empezamos pelando, cortando y cociendo, durante unos minutos, las patatas hasta que estén tiernas.

• Bate los huevos con un poco de sal y pimienta y añade las patatas cocidas. Machaca un poco y reserva.

• Calienta una gofrera, «pinta» con un poco de aceite y añade la mezcla de huevo y patata en cada hueco (ten cuidado de no poner mucha masa para que no se salga). Cierra y deja que cuaje.

• Ahora, monta un bocadillo con los gofres a modo de pan.

• Le pones un poco de mayonesa, el tomate, el jamón, la lechuga y un poco más de mayonesa. Cierra y… ¡a comer!

Tortilla
con **chips campera**

- 2 huevos
- 1 bolsa de patatas fritas
  (la que más te guste)
- 75 g de chorizo (a mí me
  gusta el picante)
- Sal
- AOVE

■ ELABORACIÓN

- Empieza batiendo en un bol los huevos con un poco de sal y pimienta.

- Corta el chorizo a taquitos, saltéalos en una sartén, sácalos cuando estén dorados y añádelos al huevo que has batido previamente.

- Añade un buen puñado de patatas fritas a la mezcla e integra procurando que no se rompan.

- En la misma sartén en la que has salteado el chorizo y en la grasa que ha soltado (si necesitas un poco más, pon algo más de AOVE), agrega la mezcla, deja que cuaje por una cara, dale la vuelta y a comer.

Huevos a la flamenca

en micro

■ INGREDIENTES

- 2 huevos
- 3 cucharadas de salsa de tomate (casera o de bote, la que tengas)
- 1 bolsa de patatas chips
- 2 lonchas de jamón
- 25 g de guisantes
- Taquitos de chorizo (los venden ya picados)
- Pimienta
- Sal
- AOVE

■ ELABORACIÓN

• En un recipiente para micro ve poniendo los ingredientes en este orden: primero, el tomate, las patatas, los guisantes, el chorizo, los huevos y el jamón.

• Salpimienta, pincha las yemas, tapa el recipiente con un plato (o lo que tengas apto para micro) y mete en el microondas, mirando de 30 en 30 segundos para que el huevo no salte, hasta que veas la textura deseada.

Tortilla doblada

de **queso** y **calabacín**

■ INGREDIENTES

- *2 huevos*
- *1 calabacín*
- *2 lonchas de queso*
- *Sal*
- *Pimienta*

■ ELABORACIÓN

- Empieza cortando el calabacín en rodajas finas, ponles un poco de sal y déjalas entre dos papeles de cocina, para que absorban el exceso de agua.

- Bate los huevos con un poco de sal y pimienta y viértelos a una sartén caliente.

- Baja algo el fuego y pon las rodajas de calabacín secas, el queso en lonchas, y tapa.

- Antes de que cuaje por completo la tortilla, procede a doblarla por la mitad y *voilá*… ¡Listo!

Pizza y *pasta*

Cuando hablamos de *fast food*, una de las cosas que se nos viene a la cabeza son las *pizzas*. Y hoy en día, para los jóvenes, no hay comida más rápida que unos macarrones con tomate.

En este apartado podrás encontrar *pizzas* y pastas diferentes, para que salgas de tu rutina y elabores recetas ricas y saludables, y rápidas, claro está.

Aquí tengo que hacer una mención muy especial a mi amigo Iñaki Miquélez. De él aprendí a hacer unos espaguetis rápidos con atún y cebolla que cocinamos en nuestros viajes a Portugal. ¡Qué tiempos!

Pizza
de **lentejas margarita**

■ INGREDIENTES

- *200 g de lentejas*
- *200 g de agua*
- *1 cucharadita
  de sal*
- *½ cucharadita
  de comino*
- *1 cucharadita
  de orégano*
- *Salsa de tomate*
- *Mozzarella*
- *Albahaca fresca*

■ ELABORACIÓN

• Empieza poniendo en remojo las lentejas durante unas dos horas.

• Escurre muy bien las lentejas. Pasa a un vaso batidor junto con el agua y tritura muy bien.

• Extiende la mezcla sobre un papel de horno y cocina unos veinte minutos a 195 ºC.

• Cubre con salsa de tomate, la mozzarella a rodajas, y hornea de nuevo a 200 ºC durante unos quince minutos.

• Saca del horno, añade la albahaca fresca, un chorro de aceite y *¡buon appetito!*

Pizza
de **brócoli, salmón** y **alcaparras**

■ INGREDIENTES

Para la base
- 1 brócoli
- 1 huevo
- 3 cucharadas
  de queso
- Sal
- Pimienta

Para el relleno
- 1 lomo de salmón
- 1 cucharada de
  alcaparras
- 1 bola de mozzarella
- Salsa de tomate
- AOVE

■ ELABORACIÓN

- Empieza triturando el brócoli y ponlo en un bol. Añade el huevo, el queso, sal y pimienta, y mezcla muy bien.

- Pasa la mezcla a una bandeja de horno con papel engrasado y extiende a modo de base de pizza.

- Hornea unos veinticinco minutos a 180 ºC.

- Sácala del horno, añade la salsa de tomate, la *mozzarella* a rodajas, el salmón a tacos, las alcaparras y un poco de aceite, e introdúcela de nuevo en el horno, esta vez, a 200 ºC durante quince minutos.

- Corta y… ¡a comer!

TortiPizza
de **patatas**

***Para una* pizza**

Para la base
- *2 patatas grandes*
- *Sal*
- *Pimienta*

Para el relleno
- *Salsa de tomate*
- *1 bola de* mozzarella
- *1 lata de atún*
- *½ cebolla*
- *Orégano*

• Empieza rallando en un rallador, y por la parte más gruesa, las patatas. Enjuaga bien, escurre y salpimienta.

• En una sartén antiadherente pon un poco de aceite y, a fuego no muy fuerte, cocina las patatas por ambas caras hasta que se doren. (*Consejo:* puedes tapar la sartén para que se cocinen mejor).

• Una vez dorada la base, vas a poner el tomate, la *mozzarella*, el atún, la cebolla cortada en juliana y el orégano.

• Vuelve a tapar la sartén y deja que se cocine hasta que el queso se funda: obtendrás una pizza que será, como siempre…, ¡espectacular!

Espaguetis
con **atún**
y **cebolla**

Esta receta se la dedico a mi amigo Iñaki, él fue quien me la enseñó hace muchísimos años y te saca de un apuro. ¡Gracias, amigo!

■ INGREDIENTES

- 300 g de espaguetis
- 3 latas de atún en aceite
- 1 cebolla grande
- 1 huevo
- Sal
- Pimienta
- AOVE

■ ELABORACIÓN

• Empieza cortando la cebolla en juliana.

• En una sartén con un poco de aceite, saltea la cebolla hasta que esté bien pochada. Mientras, cuece la pasta según nos indique el paquete. (*Recomendación:* recuerda que el agua para cocer pasta solo lleva sal).

• Cuando esté pochada la cebolla, añade el atún de las latas sin el aceite y salpimienta.

• Incorpora a la sartén la pasta una vez esté cocida (directamente de la olla, no la pases por agua), pon un poco del agua de la cocción, añade un huevo batido e integra todo.

• Espolvorea un poco de orégano. Y ahora, sí… ¡A comer!

Tagliatelle
con **berberechos** de **lata** y **cherris**

■ INGREDIENTES

- 300 g de tagliatelle
- 1 lata grande
  de berberechos o
  2 pequeñas
- 20 tomates cherri
- AOVE
- Sal
- Pimienta
- Queso parmesano

■ ELABORACIÓN

• Empieza cociendo la pasta, según indique el paquete. (Recuerda que el agua de la cocción solo lleva sal).

• Mientras la pasta se cuece, haz un corte en los tomates y saltéalos a fuego fuerte en una sartén. A media cocción, vierte un poco del caldo de los berberechos.

• Cuando la pasta esté lista, añádela a los tomates directamente con un poco del agua de la cocción, agrega los berberechos sin el caldo e integra todo.

• Sirve con un poco de parmesano rallado y… ¡a disfrutar!

Aliños, ensaladas y una **sopa fría**

Para mí, no hay elaboración más rápida en la cocina que una ensalada con lo que tengas en la nevera, o hacer un picadillo (como dicen en mi tierra) de algo que te haya sobrado.

En este capítulo encontrarás ensaladas diferentes y muy contundentes, así como alguna sopa fría que me traslada a mi infancia.

¿Me acompañas en este viaje al pasado?

Sopa fría
de **lechuga**

*Esta sopa me lleva a mi niñez. Es algo típico que hacía
mi madre, Carmen, en casa, cuando llegaban los calores,
como decimos en el sur.*

■ INGREDIENTES

- 1 lechuga
- 500 ml de agua fría
- 50 ml de vinagre
- Sal

■ ELABORACIÓN

• Empieza cortando la lechuga en juliana (no tires el centro, córtalo a tacos)
  y mete todo en un bol.

• Haz ahora una vinagreta con el agua, el vinagre y la sal. Añádela a la
  lechuga y deja enfriar.

• En casa la tomamos a modo de sopa con boquerones fritos… ¡Ahí lo dejo!

Aguacate relleno

de atún, alcachofas y espárragos

- 2 aguacates
- 1 bote de alcachofas
- 2 latas de atún
- 1 bote de espárragos blancos
- 4 cucharadas de mayonesa

ELABORACIÓN

• Empieza cortando los aguacates por la mitad, saca la pulpa con la ayuda de una cuchara, reserva la piel y pon la pulpa en un bol. Machácala hasta que quede hecha una pasta.

• Corta las alcachofas y los espárragos en trozos pequeños y añádelos al aguacate triturado. Incorpora las dos latas de atún, la mayonesa, y mézclalo todo.

• Rellena las cáscaras de los aguacates de nuevo con el resultado de la mezcla y sirve el plato frío.

Pipirrana

de **caballa,**
al **natural**

■ INGREDIENTES

- 1 lata de caballa
  en aceite
- 1 tomate
- 1 pimiento verde
- 1 cebolla
- 75 ml de AOVE
- Sal
- 25 ml de vinagre

■ ELABORACIÓN

- Empezamos cortando todos los ingredientes en trocitos muy pequeños (el tomate, el pimiento y la cebolla) y los ponemos en un bol.

- Añadimos un poco de sal, el aceite y el vinagre, y mezclamos.

- A la hora de servir, colocamos dos lomos de caballa sobre la pipirrana y… ¡listo!

Ensalada
de **alubias** y **bacalao**

- 1 bote de alubias cocidas
- 1 paquete de bacalao ahumado
- 1 tomate
- 1 puñado de rúcula
- 1 cucharadita de orégano
- ½ cucharadita de comino
- Pimienta
- Sal
- 60 ml de AOVE
- 20 ml de vinagre

■ ELABORACIÓN

- Empezamos abriendo el tarro de alubias, las lavamos con agua, las escurrimos bien y las reservamos.

- En un bote con tapadera, ponemos el orégano, el comino, el aceite, el vinagre y el tomate rallado; lo tapamos y agitamos para mezclarlo todo muy bien.

- Añadimos la vinagreta a las alubias y lo integramos todo.

- Vertemos las alubias en un plato, añadimos el bacalao y terminamos poniendo la rúcula.

- Y listo... ¡a comer!

Ceviche
de **berberechos** en **lata**

- 2 latas de berberechos pequeñas
- ¼ de aguacate
- ¼ de mango
- Cebolla morada
- 1 limón
- Sal
- Cilantro fresco
- Maíz frito grande
- 1 chile (o pimienta si no encuentras)

■ ELABORACIÓN

- Empezamos abriendo las latas de los berberechos y separamos la carne del caldo, poniéndolos en dos boles diferentes, y reservamos ambas cosas.

- En el bol del caldo, vamos a poner el zumo de medio limón, un poco de cilantro fresco picado y el chile a rodajas (o pimienta), y lo dejamos macerar.

- Picamos a dados el aguacate y el mango, y se los añadimos a la carne de los berberechos, junto con la cebolla cortada en juliana muy finita. Mezclamos todo.

- Ahora, en un plato hondo vierte la mezcla de la carne con la fruta y «riega» con el jugo que has hecho.

- Termina el plato con unos granos de maíz frito o tostado grande y… ¡ a disfrutar!

Algo con pan

Muchos sabéis que me crie en una panadería y que el pan ha formado parte de mi vida siempre. Es el alimento por excelencia, y los bocadillos son algo que no podría sustituir en mi dieta.

Al igual que en el caso de los huevos, le dedicaría un libro en exclusiva a los bocadillos. Ahora bien… aviso: en esta sección no solo te vas a encontrar con este «manjar», ya que he querido incorporar otras recetas en las que el pan es el gran protagonista.

Y recuerda: «De los olores, el pan; de los sabores, la sal».

Tosta
de **espárragos gratinados**

■ INGREDIENTES

- 4 rebanadas de pan de hogaza
- 1 lata de espárragos blancos
- 4 lonchas de queso para fundir
- Orégano
- Pimienta
- AOVE

■ ELABORACIÓN

• Empieza poniendo las rebanadas en una bandeja de horno y añádeles un poco de AOVE.

• Escurre los espárragos, colócalos encima del pan y espolvorea un poco de pimienta y orégano.

• Cubre con el queso para gratinar y llévalas al horno en la función de gratinado hasta que doren, y… ¡listo!

Bocadillo

de **calamares** en su **tinta**

■ INGREDIENTES

- 1 pieza de pan para bocadillo (si es integral, mejor)
- 2 latas de calamares en su tinta
- Rúcula
- Rabanitos
- Mayonesa

■ ELABORACIÓN

- Empieza escurriendo las latas de los calamares y reserva el aceite.

- Corta el pan y ponlo a calentar en un tostador o sartén.

- Mezcla la mayonesa con el aceite de las latas e integra muy bien.

- Unta la mayonesa de calamares en las dos partes del pan, coloca los rabanitos laminados, pon encima los calamares escurridos, añade un poco más de salsa de mayonesa y termina con la rúcula.

- Cierra y… ¡a comer!

Bocata proteico

en **ocho** minutos

■ INGREDIENTES

Para un bocadillo
- 1 lata de atún
  al natural
- 1 huevo
- 1 cucharadita
  de levadura
- 1 rodaja de tomate
- 2 rodajas de aguacate
- 2 lonchas de fiambre
  de pollo
- 1 puñado de espinacas
  baby
- 2 cucharadas
  de mayonesa

■ ELABORACIÓN

• En un vaso de batidora apto para microondas, pon el atún, el huevo y la levadura, y tritura todo muy bien.

• Cocina la mezcla en el microondas a máxima potencia de un minuto a dos minutos, hasta que la veas seca y esponjosa.

• Saca del micro, deja que se enfríe, corta por la mitad y rellena el panecillo proteico recién hecho.

• Unta con mayonesa las dos caras e incorpora el aguacate, el tomate, un poco de pimienta, el fiambre de pollo y las espinacas.

• Cierra y… ¡a disfrutar!

Mi bocata favorito

*A veces la simpleza
es lo que logra sorprenderme.
Por eso os dejo aquí uno de mis bocatas
favoritos; quizás porque incluye tres
productos que me fascinan.*

■ INGREDIENTES

- *1 pan de bocadillo
  (¡para mí, que sea
  integral!)*
- *1 lata de melva en aceite*
- *Aguacate*
- *1 huevo*
- *Mostaza*
- *Mayonesa*
- *Cebolla morada*
- *AOVE*

■ ELABORACIÓN

• Empieza poniendo a tostar el pan cortado en dos mitades.

• Mientras, en una sartén haz un huevo a la plancha, pero dóblalo para que se quede la yema dentro. (Consejo: Es fundamental que no se cuaje la yema).

• Pon un poco de aceite en el pan y añade por este orden los ingredientes: aguacate, melva, mostaza, mayonesa, huevo y, por último, cebolla fresca en juliana.

• Cierra con la parte de arriba y… ¿Qué te voy a decir que no sepas?

Brioche
de **tartar** de **gambas**

Para un bocadillo
- *1 pan* brioche
  de porción
- *150 g de gambas peladas*
- *2 cucharadas de salsa*
  kimchi
- *2 cucharadas de aceite*
  de girasol
- *1 limón*
- *Cilantro*
- *1 cebolla morada*
- *2 cucharadas*
  de mayonesa
- *1 cucharada*
  de mantequilla

■ ELABORACIÓN

• Empieza cortando las gambas en trozos pequeños y colocándolas en un bol. Añádeles el *kimchi*, el aceite, la sal y unas gotas de limón, y mézclalo bien.

• Haz una incisión en el *brioche*, a modo de hueco, y dóralo en una sartén con un poco de aceite.

• Abre el *brioche* por la incisión y añade la mayonesa, las gambas maceradas, unas hojas de cilantro y un poco de cebolla en juliana.

• ¡Disfrútalo!

¡Viva México!

La cocina mejicana es, para mí, el referente del *fast food*;
no tanto por las elaboraciones de las carnes
y los guisos, sino por sus tacos.

Siempre tengo tortilla en casa (por supuesto,
de maíz) y, cuando llego por la tarde/noche y quiero comer
algo rápido, me preparo un taco de lo primero que pillo en
la nevera, y listo.

Os dejo en esta sección unos cuantos de los que,
habitualmente me preparo en casa.

Taco
de **huevas aliñás**

Para 4 tacos
- 4 tortillas de maíz
- 200 g de huevas cocidas
- 1 pimiento verde
- 1 cebolla
- 1 tomate
- 1 aguacate
- Cilantro
- Sal
- AOVE
- Vinagre de Jerez
- 1 lima

■ ELABORACIÓN

• Cortaremos la hueva cocida en tacos pequeños y la pondremos en un bol.

• Pica el pimiento, la cebolla y el tomate también en cuadraditos pequeños, y los añades a las huevas.

• Aliña con un poco de sal, vinagre, aceite y un poco de cilantro picado, y mézclalo todo muy bien.

• Calienta las tortitas en una sartén, pon una rodaja de aguacate en cada una de ellas y agrega encima la mezcla de la hueva.

• Añade un poco más de cilantro y sirve con un cuarto de lima.

Taco
de **atún marinado**

■ INGREDIENTES

Para 4 tacos
- 4 tortillas de maíz
- 200 g de atún fresco
- 2 cucharadas de salsa de soja
- 1 cucharadita de alcaparras
- 2 cucharadas de zumo de limón
- ¼ de cebolla morada
- 1 aguacate
- Cilantro
- Sal
- AOVE
- 1 lima

■ ELABORACIÓN

• Empieza picando el salmón y lo viertes en un bol.

• Incorpora las alcaparras picadas, la cebolla roja en juliana, el cilantro picado, y aliña con la soja y el zumo de limón.

• Calienta las tortitas en una sartén, pon una rodaja de aguacate en cada una de ellas y coloca encima el salmón aliñado.

• Incorpora un poco más de cilantro y sirve con un cuarto de lima.

Taco
de **caballa**
en **aceite**

■ INGREDIENTES

Para 4 tacos
- 4 tortillas de maíz
- 2 latas de caballa
  en aceite
- 1 pimiento verde
- 1 cebolla morada
- 1 tomate
- Cilantro
- Sal
- AOVE
- Vinagre de Jerez
- 1 lima

■ ELABORACIÓN

• Empieza picando el pimiento, la cebolla y el tomate a cuadraditos pequeños, y ponlo todo en un bol.

• Aliña con un poco de sal, vinagre y aceite. Añade también un poco de cilantro picado y mézclalo todo muy bien.

• Calienta las tortitas en una sartén. Después, pon sobre cada una de ellas una cucharada del aliño que has realizado y, encima, un par de lomos de la caballa.

• Añade un poco más de cilantro y sirve con un cuarto de lima… ¡Siempre con lima!

Taco
de **salchichón**

Para 4 tacos
- 4 tortillas de maíz
- 200 g de salchichón
- 1 yema de huevo
- Pimienta
- 1 cucharadita
  de mostaza
- Tabasco
- 1 cucharada de cebolla
  morada picada
- Cilantro
- Sal
- AOVE
- Aguacate
- 1 lima

■ ELABORACIÓN

- Pica el salchichón en trozos muy pequeños y ponlos en un bol.

- Añade la yema, la cebolla morada muy picada, un poco de pimienta,
  la mostaza y un poco de tabasco, y mezcla muy bien.

- Calienta las tortitas en una sartén, pon una rodaja de aguacate y el aliño
  del salchichón sobre cada una de ellas.

- Añade un poco de cilantro y sirve con un cuarto de lima.

Empanados y *rebozados*

Al hablar de empanados y rebozados, siempre me viene a la cabeza el recuerdo de esos días en los que mi madre hacía filetes de lomo empanados para cenar. Sin duda, mi casa se convertía en una auténtica fiesta.

Somos cinco hermanos, y los cuatro mayores «luchábamos» por ver quién se comía más filetes… ¡Bendita infancia!

Mis Fingers
de **pollo**

■ INGREDIENTES

- 800 g de pechuga
  de pollo
- 3 dientes de ajo
- 1 limón
- ½ vaso de vino blanco
- 1 cucharada de
  mostaza
- Sal
- Pimienta
- Perejil fresco
- 2 huevos
- Harina
- Pan rallado (a mí,
  para esto, me gusta fino).
- Aceite de oliva

■ ELABORACIÓN

- Corta las pechugas de pollo en tiras de un par de centímetros de ancho y unos cinco de largo.

- Ahora, aliña con el zumo de limón, los ajos laminados, el perejil bien picado, un poco de sal, la pimienta, la mostaza y el vino. (*Consejo:* Si puedes, déjalo macerar el día anterior en el frigo, o al menos treinta minutos).

- Bate un par de huevos y reboza los palitos de pollo con harina, huevo y pan rallado.

- Calienta aceite en una sartén y, cuando esté bien caliente, fríe los palitos.

- Sirve con un poco de mayonesa de bote y… ¡a disfrutar!

Palomitas
de **pollo picantes**

- 800 g de pechuga
  de pollo
- 1 tarro de crema
  de coco
- 1 cucharadita
  de jengibre
- 1 cucharadita
  de pimentón picante
- Sal
- 2 paquetes de copos
  de maíz sin azúcar
- 2 huevos
- Harina
- Aceite de oliva

■ ELABORACIÓN

• Empieza cortando el pollo en tiras de unos dos o tres centímetros de ancho y, después, en tacos de unos tres o cuatro centímetros de ancho.

• Mezcla el pollo con el pimentón picante, el jengibre y un poco de sal. Déjalo macerar al menos treinta minutos. (Consejo: Si lo dejas toda una noche, sabrá más rico… ¡Pruébalo!).

• Tritura el maíz y bate un par de huevos. Escurre el pollo y rebózalo con la harina, el huevo y el maíz.

• Fríelo en abundante aceite de oliva y… ¡a comer!

Tortillitas
de **bacalao**

En esta receta se aplica la técnica de «la que admita» de mi madre, y, aunque te pongo los ingredientes por cantidades, debes tener un poco de ojo a la hora de aplicarla.

■ INGREDIENTES

- 500 g de bacalao desmigado y desalado
- 2 huevos
- 1 taza de harina
- 1 taza de pan rallado
- Hierbabuena picada
- Perejil picado
- 1 ajo picado
- ½ cebolla pequeña muy picadita
- Pimienta
- Aceite de oliva

■ ELABORACIÓN

• Empieza mezclando en un bol todos los ingredientes, menos el aceite de oliva, hasta que obtengas una mezcla consistente pero no compacta: una masa gruesa y húmeda.

• En un perol o sartén alta, pon abundante aceite de oliva y, cuando esté caliente, añade una cucharada grande de la mezcla que has realizado previamente.

• Cuando haya empezado a dorar, ve aplastándola poco a poco para tener una tortita de un centímetro de grosor.

• Deja que acabe de dorar y listo. En mi casa las comemos más bien frías, pero esto es a gusto del consumidor.

Mejillones
en **gabardina**

■ INGREDIENTES

- *4 latas de mejillones en escabeche*
- *1 huevo*
- *Harina*
- *1 cucharadita de levadura*
- *Pimienta*
- *Sal*

■ ELABORACIÓN

• Tendrás que escurrir los mejillones, pero sin tirar el aceite, ya que debes de reservarlo para usarlo posteriormente.

• En un bol haz una mezcla con los huevos batidos, la levadura, la harina, la sal y la pimienta: debe quedar una crema ligera pero consistente, como unas natillas (esta mezcla es un poco «a ojo», o, como decía mi madre, «lo que admita»).

• Ahora, ve pasando los mejillones por la crema y fríelos en abundante aceite caliente.

• Cuando los vayas a presentar en la mesa, sírvelos con una mayonesa mezclada con un poco del escabeche de las latas que habías reservado y… ¡a comer!

Algo de pescado

A unque normalmente no asociamos la comida
rápida al pescado, tenía que poner alguna receta en
este libro. Porque la mayor parte de platos de mi
dieta diaria llevan pescado.

Si no son piezas grandes y enteras que hagamos al horno,
cualquiera del resto de distintas variedades y cortes de
pescado que encuentres en el mercado no tiene más de diez
minutos de cocción. Por tanto, son ideales para una cocina
rápida y «sin complejos».

Atún
con **ajo blanco**

■ INGREDIENTES

- 1 taco de atún de
  unos 400 g
- 1 cucharadita de
  aceite de sésamo
- 1 limón
- 100 g de almendras
  crudas
- 50 g de pan del
  día anterior
- 50 ml de agua
- 1 diente de ajo
- Semillas de sésamo
- 1 cucharada de
  vinagre
- Sal
- AOVE

■ ELABORACIÓN

• Empieza cortando el lomo de atún a taquitos no muy pequeños, métomelos
  en un bol y macera con un poco de sal, zumo de limón y el aceite de
  sésamo.

• Por otro lado, pon en un vaso de batidora las almendras, el pan en remojo
  y escurrido, un poco de sal, el ajo pelado y sin germen, el agua, y tritúralo
  todo, mientras vas añadiendo aceite, a modo de hilo, para que vaya
  emulsionando.

• Si ves que queda muy espeso, ponle un poco más de agua porque debe
  quedar una crema ligera.

• En un plato hondo sirve el atún macerado, añade alrededor el ajo blanco
  ligero y decora con un chorro de aceite y unas semillas de sésamo.

lubina
con **pisto rápido**

■ INGREDIENTES

- *4 lomos de lubina*
  por persona
- *1 pimiento verde*
- *1 pimiento rojo*
- *1 cebolla*
- *1 calabacín*
- *1 berenjena*
- *3 cucharadas de salsa*
  de tomate
- *Sal*
- *AOVE*
- *Pimienta*

■ ELABORACIÓN

• Comenzarás cortando a cuadraditos pequeños la verdura y dejándola apartada por separado.

• En una sartén amplia, y en la que habrás puesto un poco de aceite a calentar, ve añadiendo la verdura de mayor a menor dureza: pimientos, cebolla, berenjena y calabacín. Deja que cada una de ellas se cocine antes de echar la siguiente.

• Saltea a fuego fuerte y salpimienta.

• Cuando la verdura esté cocinada, pero al dente, añade la salsa de tomate y mezcla.

• En una sartén aparte, dora los lomos de lubina (primero, con la piel hacia arriba).

• Sirve con una cama de verduras y, encima, el lomo. Un poco de aceite y… ¡a comer!

Salmonete

Mellado

Homenaje al pescadero de la calle Salado de Sevilla, donde viví en mi época de estudiante y donde me adentré en el mundo de la cocina, en aquel piso de estudiantes compartido con mi hermano José Joaquín.

■ INGREDIENTES

- 4 salmonetes de ración
- 1 cucharadita de pimentón
- 3 cucharadas de vinagre
- 2 dientes de ajo
- 3 cucharadas de agua
- Sal
- Perejil

■ ELABORACIÓN

• Empieza pelando los ajos y laminándolos. Pica el perejil y resérvalo todo.

• En una sartén dora los salmonetes y pásalos a la fuente en la que los vas a servir.

• En la misma sartén en la que has dorado los salmonetes, pon un poco más de aceite y fríe el ajo sin que llegue a quemarse. A continuación, añade el pimentón, un poco de sal e, inmediatamente, el vinagre y el agua, para dejar que reduzca un poco.

• Agrega el perejil en el último momento y viértelo sobre los salmonetes justo al servir en la mesa.

Algo dulce

Me gusta el dulce, no voy a decir que no, pero no es algo que me quite el sueño.

En la línea de lo que venimos hablando de lo fullero que soy en la cocina, el postre es algo muy milimetrado, controlado, exacto, y, sinceramente, para qué os voy a engañar, yo no soy así, pero sí que me gustan los platos dulces que se elaboran como lo salado.

Os dejo en este capítulo postres sencillos y fáciles de hacer, además de ricos.

Brownie
en cinco minutos

■ INGREDIENTES

- 2 plátanos maduros
- 2 cucharadas de crema
  de cacahuetes
- 1 huevo
- 50 g de cacao en polvo
- 1 cucharadita de
  levadura
- 2 cucharadas de leche
- 1 puñado de nueces

■ ELABORACIÓN

• En primer lugar, vamos a pelar los plátanos y los trituramos en un vaso
  de batidora.

• Añade en este vaso todos los ingredientes, menos las nueces, y vuelve
  a triturarlo todo, y, ahora sí, incorpora las nueces y mezcla bien.

• Vierte la mezcla en un molde para microondas y cocina a máxima potencia
  en el microondas durante tres minutos o hasta que esté cuajada.

• ¿Fácil?… Pues ¡a comer!

Huevos nevados

de la **abuela Carmen...**
a **mi manera**

Este postre me traslada de nuevo a aquellos tiempos de mi niñez.
Era uno de los favoritos de mi hermano José Joaquín, y que mi
madre hacía en ocasiones especiales. Ella normalmente hacía
natillas con las yemas de los huevos, pero nosotros, que somos
más fulleros, usamos natillas ya hechas… ¡Somos así!

■ INGREDIENTES

- 2 huevos
- 2 natillas
- 2 cucharadas de leche
- Galletas María
- Limón
- Canela

■ ELABORACIÓN

• Empieza separando las claras de las yemas y montándolas a punto de nieve, añadiendo unas gotas de limón, porque esto hará que duren más.

• En un plato o fuente hondos, pondremos las natillas batidas con la leche para hacerlas más ligeras.

• Coloca las galletas y la clara montada sobre las natillas, espolvorea canela por encima y ¡a comer!

Tarta de queso
con tres ingredientes

■ INGREDIENTES

- 400 g de queso crema
- 2 huevos y 1 yema
- 2 cucharadas de azúcar

■ ELABORACIÓN

- Empieza poniendo todos los ingredientes en un bol y tritúralo todo muy bien.

- Vierte la mezcla en un molde forrado con papel para horno y hornea a 170 º C durante unos veinte minutos.

- Desmolda y ¡a comer!

Tiramisú
en **cinco minutos**

*Quizá este sea el postre más internacional de todos,
por eso se lo quiero dedicar a mi amiga viajera
María José Andrade ya que, sin ella, este libro no habría
«salido del horno». Gracias, amiga.*

■ INGREDIENTES

- 4 bizcochos biscuit
- 1 yema de huevo
- 1 cucharada de azúcar
- 80 g de mascarpone
- 1 taza de café
- Cacao en polvo

■ ELABORACIÓN

• Empieza batiendo la yema de huevo y el azúcar en un bol hasta que el resultado final sea suave y cremoso.

• Añade el mascarpone y mézclalo todo hasta que esté bien integrado.

• Moja los bizcochos en el café y, en un plato, pon la mitad de la mezcla sobre dos bizcochos. Culmina con otros dos bizcochos y más crema.

• Añade cacao en polvo antes de servir y… ¡a comer!

• Lo he dicho: un postre listo en apenas cinco minutos.

Epílogo

Familia, de momento, estas han sido mis primeras 45 recetas. Recetas hechas con todo el cariño y con la intención de desmitificar la comida rápida.

No todo aquello que se conoce como *fast food* debe ser considerado como algo pobre, poco saludable y sin fundamento. Podemos cocinar en pocos minutos platos ricos, saludables y sencillos.

Desde que comencé a cocinar, he descubierto que no solo se trata de alimentar el cuerpo, sino también de nutrir el alma. Por eso espero que, cada vez que te sumerjas en estas páginas, sientas esa energía, ese cariño y esa chispa de diversión, ya que han sido el «ingrediente» secreto en cada uno de estos platos.

Espero que este libro os haya hecho ver que, con pocos ingredientes, en apenas quince minutos y con un poco de imaginación, podemos realizar platos ricos y saludables.

Gracias por uniros a este festín de sabores. Y ahora, si os parece, vamos a seguir cocinando, explorando, saboreando y pensando en nuevas recetas para nuevas publicaciones.

¡Nos vemos en el siguiente libro y en las redes sociales, claro!

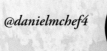

@danielmchef4